CON GRIN SU CONOCIMIENTOS VALEN MAS

Armin Achtmann

La presencia de anglicismos en la lengua alemana

GRIN Publishing

Bibliographic information published by the German National Library:

The German National Library lists this publication in the National Bibliography; detailed bibliographic data are available on the Internet at http://dnb.dnb.de .

Imprint:

Copyright © 2014 GRIN Verlag GmbH
Print and binding: Books on Demand GmbH, Norderstedt Germany
ISBN: 978-3-656-86929-0

This book at GRIN:

http://www.grin.com/es/e-book/286542/la-presencia-de-anglicismos-en-la-lengua-alemana

GRIN - Your knowledge has value

Since its foundation in 1998, GRIN has specialized in publishing academic texts by students, college teachers and other academics as e-book and printed book. The website www.grin.com is an ideal platform for presenting term papers, final papers, scientific essays, dissertations and specialist books.

Visit us on the internet:

http://www.grin.com/

http://www.facebook.com/grincom

http://www.twitter.com/grin_com

La presencia de anglicismos en la lengua alemana

Armin Achtmann

UNED-Palma de Mallorca

Línea de Trabajo de Grado: alemán y su relación con la lengua inglesa

Grado en estudios ingleses

Facultad de Filología

RESUMEN

Cada idioma se desarrolla y cambia constantemente, y también cada lengua toma prestadas palabras de otros idiomas. El alemán no es ninguna excepción en este aspecto. Desarrollos, cambios y préstamos son importantes, para que el idioma en sí pueda responder adecuadamente en cualquier momento a los nuevos desafíos.

Los medios de comunicación tienen una influencia significativa en el habla cotidiana, especialmente en el idioma alemán y este trabajo se dedica a averiguar cuáles podrían ser las causas y apuntar posibles evoluciones de este fenómeno en el futuro, en el caso de que la fuerte implantación del inglés en la lengua Alemana continuara igual.

Palabras claves:

Anglicismos
Sociedad mediática
Desarrollo
Razones históricas

ÍNDICE

1. Introducción

Wir schlüpfen morgens **easy** in unseren **Slip**, unser **T-shirt** oder unseren **Body**, **breakfasten** bei **McDonald's**, **lunchen** im nächsten **Fast-food**, holen uns Bier im **Sixpack** und zu unserer Verschönerung eine **Moisture Cream** im **Body Shop**, gehen zum **Hair Stylist**, informieren uns am **Service Point**, fahren mit unseren **Kids** im **InterCity**, sitzen am **Computer**, am **Scanner** oder am **Laptop**, betätigen uns als **Online-Surfer**, bezahlen für unsere **Citycalls**, **RegioCalls** oder **GermanCalls** - und die Jüngeren unter uns finden das meist **cool** und die Älteren meist nicht **o.k**[1]

Alrededor de un cuarto de las palabras del texto anterior son palabras prestadas del inglés, es decir, anglicismos y en su mayoría son palabras que fueron introducidas en el lenguaje alemán de forma reciente. Tal vez, esa circunstancia pueda dar una idea hacia donde se moverá el idioma alemán en el futuro y por qué ese tema podrá ser relevante.

La aparición de nuevas palabras es una característica de todas las lenguas modernas y también refleja en cierto modo nuestro tiempo. Este desarrollo está progresando rápidamente. Posiblemente, el cambio más notable del vocabulario alemán del habla cotidiana se ha visto en las últimas décadas de toda la historia lingüística[2]

El idioma alemán ha sido influenciado a lo largo de la historia por varios factores. Para empezar, el período romano (aproximadamente de 50 a. C. hasta 500 d. C.) se puede describir como la primera oleada latina. Durante el período de la cristianización (de 500 a 800) tuvo lugar el segundo impacto fuerte del latín. Entre los

---

[1] Traducción al español:

Nos deslizamos por la mañana fácilmente en nuestra ropa interior, nuestra camiseta o nuestro traje, desayunamos en McDonalds, almorzamos en un restaurante de comida rápida, nos traen la cerveza en la cajita de seis y para nuestro embellecimiento compramos una crema hidratante de una tienda de belleza, nos vamos a la peluquería, acudimos a la información, viajamos con nuestros hijos en el tren de alta velocidad, estamos sentados frente al ordenador, el escáner o el ordenador portátil, navegamos en el internet , pagamos nuestras llamadas locales, nacionales o internacionales, y los más jóvenes entre nosotros lo encuentran guay y a los ancianos por lo general no les gusta tanto.

[2] Dieter E. Zimmer „Deutsch und anders. Die Sprache im Modernisierungsfieber" 2006

siglos XII y XX hubo épocas diferentes con influencia principalmente del francés y del latín.[3]

Estas fases son: el "Mittelhochdeutsch" (medio alto alemán), que se puede datar de la segunda mitad del siglo XI hasta aproximadamente los años 50 del siglo XIV. El lenguaje de la poesía cortesana se refina y gana importancia. La siguiente fase se denomina "Frühneuhochdeutsch" (alto alemán temprano). Este periodo abarcó unos tres cientos años, es decir, de 1.350 a 1.650. La introducción del papel abarató considerablemente la producción de libros, lo que hizo que más gente tuviera acceso a la literatura. Otra innovación importante fue la invención de la imprenta con letras de molde móviles a mediados del siglo XV por Johannes Gutenberg. El comienzo de la siguiente época se data a mediados del siglo XVII, y es la llamada "Neuhochdeutsch" (alto alemán moderno). Se forma la lengua literaria clásica y es considerada – sobre todo por las obras de Schiller y Goethe, cuya obra ya se consideraba propiedad nacional cuando aún estaban vivos – el modelo cultural de la lengua por excelencia. Hoy en día estamos hablando todavía una variación de ella.[4]

Finalmente, después de la Segunda Guerra Mundial, predomina el inglés americano.
A partir de los años 60 del siglo pasado empezó a aumentar el número de los anglicismos en la lengua alemana que en los años 90 obtuvo una posición muy sólida.

Las razones de este fenómeno se encuentran principalmente en el dominio económico, tecnológico, militar y cultural de los Estados Unidos, además en el área de la lengua anglosajona en sí. Este predominio es más notable en los medios de comunicación, en la tecnología y en la industria cinematográfica. Desde la Segunda Guerra Mundial, el inglés se ha convertido en la lengua franca del mundo,

La influencia angloamericana de hoy en día se está haciendo sentir en casi todos los campos de la vida de la República Federal de Alemania y es uno de los factores

---

[3] Astrid Stedje: Deutsche Sprache gestern und heute. Einführung in Sprachgeschichte und Sprachkunde 2007, pág. 71
[4] www.baer-linguistik.de/beitraege/sprachgeschichte.pdf

más importantes para el desarrollo de la lengua alemana después de la Segunda Guerra Mundial.

Es prácticamente imposible decir en cuántas palabras consiste el vocabulario de la lengua alemana. Sin embargo, se puede estimar que la lengua alemana comprende de aproximadamente 300.000 a 500.000 palabras. De las cuales, un estimado de 100 000 palabras son de origen extranjero. El vocabulario básico alemán incluye cerca de 2 800 palabras. De esa cantidad se puede calcular que un 6% son palabras extranjeras. La proporción de las palabras prestadas del inglés en comparación con el conjunto de todas las palabras que se usan actualmente hoy en día sólo asciende a un 4%, incluyendo en esta investigación las palabras extranjeras que se utiliza en el lenguaje publicitario de textos.[5]

El hecho de que las lenguas influyan entre sí, presupone que haya un contacto tanto cultural como lingüístico. Esta circunstancia puede ocurrir de maneras diferentes.

Las personas pueden entrar en contacto, por ejemplo, mediante el traslado de la población, los viajes, la política, y los medios de comunicación, que son la fuente principal de este fenómeno lingüístico y cultural en la actualidad, como la televisión, internet, el cine y el video. También se puede añadir la prensa escrita, que inició esta tendencia a un lenguaje que cada vez se cambia más finamente. Lo mencionado resulta en una homogeneización lingüística, mezcla de lenguas o dialectos y sub-variedades. En nuestro mundo tan moderno las palabras clave son rapidez y eficacia.

Todo debe ir de forma rápida y sin problemas, y los medios de comunicación intensifican esta tendencia cada vez más: la velocidad es su adicción. Así que, aceleran, y también diferencian los cambios lingüísticos, por lo que el momento del cambio de idioma empieza a superar el momento de la sucesión de las generaciones.

---

[5] www.duden.de/sites/default/files/downloads/Duden_Das_Fremdwort_Lesenswertes_und_Interessantes.pdf , página 23

Quizás se pueda suponer que el lenguaje de los medios de comunicación también constituye la norma aplicable al uso del idioma y que, por lo tanto, los medios de comunicación podrían ser una buena fuente para la investigación lingüística. Como buen ejemplo de tiempos remotos, donde no existían medios de comunicación modernos, se puede nombrar la Biblia de Lutero, que ha contribuido a la normalización de alemán escrito.

El préstamo de palabras y su integración en diferentes lenguas es siempre un tema vivo y de actualidad. Como los medios de comunicación nos rodean constantemente y nos influyen en muchos sentidos, son una base importante para la investigación lingüística.

Según estudios estadísticos[6] una cuarta parte de los hablantes nativos del alemán sostienen que les preocupa mucho el actual desarrollo predominado por el inglés de su lengua natal y otro tercio de los encuestados lo considera sospechoso. A estas expresiones de descontento con la creciente influencia de los anglicismos en la lengua alemana se unen muchos artículos de prensa, entrevistas, sitios web, etc., Ponderando los pros y los contras del uso de las palabras del origen anglosajón. A menudo toman una posición en contra de los anglicismos, haciendo comentarios negativos y son vistos como una amenaza para la existencia continua del alemán en sí.

Hay cuestiones debatidas en todo el territorio federal, tales como: ¿se pueden interpretar las adquisiciones del inglés como un enriquecimiento o una descomposición del lenguaje?, ¿es una moda pasajera o una tendencia que no se puede evitar?, ¿ha de preocuparse tanto por el futuro de la lengua alemana pintando todo de color negro?
Estas discusiones, a veces llevadas de forma muy viva, también les afectan a los lingüistas, cuyo principal interés es el estudio de la lengua y sus tendencias de desarrollo.

---

[6] www.vds-ev.de/textbeitraege/732-text-anglomanie

Tal y como se podía esperar, la perspectiva lingüística se desvía considerablemente de la no-lingüística al contemplar el problema pormenorizadamente. En consecuencia hay conclusiones con diferencias abismales.

El objetivo principal de este trabajo es comparar el enfoque de lingüistas con los argumentos que se presentan en los textos de divulgación científica, artículos de prensa, comentarios y artículos de fondo, así como en las opiniones de internet sobre este tema.

Inevitablemente se citan también las razones que se utilizan en contra de los anglicismos y sus correspondientes contraargumentos.

Además se ocupará de las preguntas más frecuentes al respecto, que son los motivos y la posible justificación del aumento de las palabras inglesas, así como sus consecuencias para la existencia de la lengua alemana. El análisis se limita estrictamente a la República Federal de Alemania, como el uso de anglicismos no parece ser tan perceptible en Austria y Suiza.

Como base y punto de partida para ulteriores consideraciones, deberían servir las siguientes preguntas: ¿Qué significa la palabra anglicismos? ¿Cómo se puede explicar su propagación en el alemán actual? ¿En qué áreas de la sociedad alemana han prevalecido los más exitosos?

El término anglicismo (el término genérico empleado tanto para palabras procedentes de América del Norte como las de Gran Bretaña) se empezó a utilizar por parte de algunos lingüistas después de la segunda Guerra Mundial en relación con cualquiera de las realidades lingüísticas, adaptadas de variantes de los británicos y americanos, que se refiere a sonidos, palabras, frases y textos en conjunto[7].

Otros lingüistas dan una definición restringida de este fenómeno propuesto, que se limita exclusivamente a lo léxico. En este sentido, se entiende anglicismos como lexemas, que al menos en parte, consisten en material del idioma Inglés o/y se

---

[7] http://www.diva-portal.org/smash/get/diva2:199936/FULLTEXT01.pdf

construye siguiendo el modelo del Inglés, por lo que su origen no es siempre evidente a primera vista

En consecuencia, muchos lingüistas trazan una línea entre los así llamados Anglicismos evidentes y los latentes[8].

Entre los primeros - y también en la mente de la mayoría de los hablantes, la única forma del anglicismo – se encuentran en general los siguientes subgrupos:

De forma inmediata, es decir, adquisiciones directas (por ejemplo, "KID" (niño), "COOL" (guay), "FREAK" (pasota, friki)).

Mezclas del Alemán-Inglés o Inglés-Alemán, a menudo referido en alemán como construcciones híbridas (por ejemplo, Reiseboom (auge de los viajes), Werbeslogan, (eslogan publicitario), BahnCard (tarjeta de ferrocarril))

Pseudo-anglicismos, es decir, palabras formadas partiendo de las condiciones del Inglés en sí, sin embargo, esas palabras, o bien no existen en Inglés o tienen un significado diferente (por ejemplo, Handy (teléfono móvil)).

Se ve cambios en la importancia de algunas expresiones. Por ejemplo la palabra alemana "realisieren" ya no es sólo " darse cuenta ", sino también se acerca con mayor frecuencia al patrón inglés con su significado de "conciencia de ser"

Esta circunstancia no se percibe tanto en la opinión pública y luego se introducen paulatinamente en la lengua alemana. Esta causa se puede explicar con la discusión por los anglicismos más aparentes, que se lleva efusivamente.

La segunda de las preguntas anteriores se puede responder de la siguiente manera:

la fuerte influencia del angloamericano a otros idiomas, incluyendo el alemán, se basa en las mismas causas, que es el predominio del poder mundial en los Estados Unidos. Lo cual se refleja en campos económicos, militares, políticos, técnicos y culturales. Cómo se ve claramente, aquí se trata de un complejo y largo proceso.

---

[8] Compare: Carstensen, Broder: Evidente und latente Einflüsse des Englischen auf das Deutsche (1.978)

A continuación se menciona de forma breve los puntos más importantes y también las características (histórica, sociológica, psicolingüística y aspectos lingüísticos) de este fenómeno para los países de habla alemana.

A partir de 1945 se produjo un cambio en la recepción de palabras extranjeras y especialmente de los anglicismos. Se abandonó la postura del purismo lingüístico extremo, el del chovinismo del propio lenguaje, y se creó un espíritu abierto hacia la palabra extranjera y una cierta internacionalización del diccionario alemán. Acontecimientos como la ocupación británica y americana, el famoso puente aéreo, el movimiento estudiantil siguiendo el modelo americano y también el acercamiento en el ámbito político, económico, militar y cultural que se puede observar hoy en día entre Alemania y los Estados Unidos.

Una multitud de situaciones bilingües que hay en el campo profesional, el Turismo, las organizaciones internacionales hasta la música del rock y pop que influye considerablemente a la juventud.
Se transmite programas de televisión en el idioma Inglés y la frecuencia de escuchar o tener lectura inglesa en el original es cada vez mayor, lo que hace que hablantes nativos de alemán dominen , en consecuencia, significativamente mejor el Inglés.

El progreso de Estados Unidos en las áreas antes mencionadas provoca que muchos de los contenidos profesionales ya no puedan expresarse en alemán: Lo que hace que se introduzca más palabras prestadas del inglés en la respectiva terminología técnica.
La naturaleza de la lengua inglesa, que posee, en comparación con otros idiomas, una compacidad y simplicidad de las herramientas gramaticales, lo que finalmente ha contribuido a su condición como lengua franca.

Además, se acusa a menudo a los alemanes una falta de lealtad lingüística, poca o ninguna apreciación del idioma alemán en sí y, en general, un sentimiento de inferioridad en cuanto a la lengua materna.

Todo lo mencionado, en combinación con la admiración hacia todo lo que viene de los Estados Unidos, desemboca en un uso exagerado de palabras extranjeras y, sobre todo, de anglicismos.

De lo anterior, se puede observar que las llamadas "principales puertas de entrada para anglicismos", se notan, y en parte ya se notan considerablemente, en la vida económica y empresarial, el habla juvenil, la industria del entretenimiento, la tecnología y la política

A tal efecto, también se unen esferas sensibles de la vida a las influencias angloamericanas como, la moda, los deportes, la música, los cosméticos, el turismo, la tecnología de la comunicación y especialmente la publicidad, que se examinará más en detalle. Sin embargo, se supone que la influencia del inglés en el vocabulario alemán aumentará con la intensificación del contacto de las lenguas en los próximos años.

2. Historia y desarrollo del idioma alemán

El idioma alemán es uno de los lenguajes más importantes en cultura, ciencia y el mundo de la economía. Más de cien millones de europeos hablan alemán. No solo en Alemania, sino también en otros países de habla alemana como Austria, en muchas partes de Suiza, Liechtenstein, Luxemburgo, en Tirol, así como en regiones del norte de Italia y en el este de Bélgica. Es, además del ruso, el idioma nativo más hablado en toda Europa y pertenece a los diez idiomas más hablados a nivel mundial.

También se pueden añadir los millones de los germano parlantes que viven fuera de Europa o que han emigrado (por ejemplo los americanos en Pennsylvania/EE.UU que hablan Pennsylvaniadeutsch), de modo que hasta 120 millones de personas hablan alemán. Además, se debería incluir los menuitos (alrededor de un millón) en el norte de los Estados Unidos que todavía lo hablan.

Añadiendo a estos datos se puede decir que en los países eslavos (y también en Turquía) se aprende y habla más el alemán que el inglés como lengua extranjera[9]. Por tanto, cuesta comprender por qué el alemán no tiene más peso dentro de la Comunidad Europea como idioma oficial[10].

Alrededor del año 2.000 antes de Cristo se inició, con la reubicación del Mar Báltico occidental, la separación de las lenguas germánicas del indoeuropeo. Este fue un proceso de cambio lingüístico que incluyó el primer cambio de vocales, el cambio de acento la aparición de verbos débiles, y que terminó alrededor del año 500 antes de Cristo. Extensas migraciones llevaron a la fusión de varios grupos pequeños en grupos más grandes que facilitaron la supervivencia, las llamadas tribus germánicas. Esto se vio reflejado en un desarrollo del lenguaje diferenciado.

En el siglo V después de Cristo ya se habían formado grupos lingüísticos en las diferentes zonas de asentimiento. Estas zonas se puede localizar entre los ríos de .Oder, Vístula y Elba y los grupos lingüísticos se llamaban germano-occidental, germano-oriental y germano-septentrional. La raíz de la lengua alemana se basa en el germano-occidental, que también es el origen del holandés, inglés y frisón.

Hasta el final de la Edad Media y más allá, Alemania estaba dividida en cientos de dialectos diferentes. No existía un lenguaje razonable uniforme. En algunos casos, solo pasando de un pueblo en un valle a otro, ya era casi imposible un entendimiento mutuo. Aún más marcado que el idioma hablado, era el alemán escrito, es decir, el alemán administrativo. Aunque el aumento del comercio y la mercantilización de la vida diaria habían llevado a una cierta forma de escribir, en las ciudades bajo medieval se había formado una nueva clase social: la burguesía; esta capa de comerciantes y artesanos dependía más y más de la lectura y la escritura para poder realizar sus operaciones diarias, y eso querían hacerlo en su lengua materna y no más en latín.

También aumentó el número de ciudades a pasos agigantados. En solo 300 anos, del 1.200 a 1.500, la cantidad incrementó de 250 a cerca de 3.000. Este desarrollo fue impulsado por la mejora de los métodos agrícolas, el desmonte de

---

[9] www.deutsche-kultur-international.de/
[10] www.goethe.de/ges/spa/pan/spw/de3991754.htm

grandes extensiones de bosques, la incipiente industrialización, la colonización de los territorios al este de los ríos Elba y Saale y, desde luego, el fuerte crecimiento de la población.

La creciente importancia de la artesanía, del sistema monetario y de crédito, etc. exigió una contabilidad comercial y la redacción de correo comercial que todo el mundo pudiera usar. Esta circunstancia también promovió la necesidad de un lenguaje común.

El factor decisivo en el desarrollo del alemán escrito fue la traducción de la Biblia por Martín Lutero. Aunque no tenía ninguna ambición lingüística, el lenguaje era un medio para lograr que la palabra de Dios llegara a la gente que vivía entre el mar del norte y los Alpes. Para ello, buscaba palabras, formulaciones gramaticales y notaciones de mayor inteligibilidad y difusión posible.

En este punto, su traducción de la Biblia difiere significativamente de las traducciones bíblicas anteriores existentes. Dichas traducciones no podían imponerse por no haberse desprendido del latino y griego original y también por la traducción literal que hizo que sonara complicado

Lutero evitó este error y se fijó como hablaba el pueblo para adaptarse a su capacidad de comprensión. Por otra parte, no tradujo directamente en las lenguas y dialectos que oía, aunque habría sido mucho más fácil.

En lugar de ello, y aquí se puede ver su verdadera gran aportación para la lengua alemana, trató de crear una lengua nacional unificada. El quería una lengua alemana común para que se entendieran tanto los del sur como los del norte.

La gran importancia de Lutero, fue que logró que se desarrollase una lengua común de los muchos dialectos existentes de aquel entonces.

3. Breve información de la historia y evolución de la lengua inglesa

El inglés es considerado una lengua indoeuropea, entonces su origen está muy cerca a la lengua alemana. Su historia se remonta al siglo V cuando Inglaterra fue conquistada por varias tribus germánicas, incluyendo los anglos y los sajones. Durante esta época empezó a desarrollarse el idioma que conocemos hoy en día como inglés. El resultante anglosajón se habló hasta el siglo XI, que era muy similar al alemán de aquel entonces. También se derivó el nombre Inglaterra de la denominación anglos.

El primer gran cambio del inglés ocurrió después de la conquista por Guillermo el conquistador, tras la cual toda la nobleza inglesa fue sustituida por franceses. Casi de forma repentina, e igual que en el resto de Europa, la vida de los franceses en la corte sirvió de modelo y especialmente la lengua francesa como particularmente refinada. En pocas generaciones había nobles que, aunque habían nacidos en Inglaterra, no dominaban su verdadera lengua materna. Hay un refrán que lo dice bien claro: "French in the kitchen, english in the barn" (francés en la cocina e inglés en el patio). No obstante, hubo una mezcla paulatina de los dos idiomas que perduró hasta el siglo XVI y gran parte de la influencia francesa del inglés actual se debe a esa época.

El temprano inglés moderno, que se hablaba hasta el siglo XIX, estaba bajo la influencia de la imprenta y relacionado con la mejora de la comunicación, la normalización de la lengua, y también la alfabetización de la población. Al mismo tiempo se amplió el vocabulario en gran medida ya que las exigencias sobre la lengua en sí cambiaban con el aumento de conocimientos. Especialmente se prestaron palabras del latín y en parte también, mediante la desviación, de la lengua francesa. En este tiempo se desarrollaron sobre todo términos técnicos. El autor Shakespeare es considerado la persona de vocabulario más amplio y extenso de esta época. También hubo varios intentos para estandarizar y preservar la lengua como lo habían hecho los franceses con la "Académie Francaise" pero no se consiguió. El lenguaje no fue percibido como un ser vivo que se cambiaba constantemente.

4. Las peculiaridades del idioma inglés

Para poder examinar cómo se emplean las palabras inglesas en el idioma alemán, o sea, de qué manera se les cambia con el fin de que se adapten a la lengua alemana; y también para entender por qué es necesario que se modifique esas palabras, es imprescindible hacerse una idea general de las diferencias más significativas entre las dos lenguas implicadas.

Las diferencias entre el alemán y el inglés se pueden encontrar especialmente en la morfología, que varía considerablemente.

De manera contraria al alemán, en el inglés no se conjugan los verbos (aparte de la tercera persona singular y del verbo "to be" – en alemán: sein-) ni se declinan los adjetivos para ajustarlos a determinados sustantivos, debido a que el inglés solamente posee un artículo (the) y el alemán tiene tres (der, die, das). Además el inglés permite en muchos casos que se anteponga el prefijo "more" para establecer los grados.

Por lo tanto, no es necesario que se flexionen los adjetivos atributivos, independientemente de que el sustantivo sea singular, plural o que se trate de un sustantivo en masculino, femenino o neutro.

Un buen ejemplo en alemán es la palabra "schnell" (adjetivo rápido). En alemán, es necesario emplearla de tres formas diferentes para poder describir los sustantivos Auto (coche), Fahrt (viaje) y Zug (tren): ein schnelles Auto (un coche rápido), eine schnelle Fahrt (un viaje rápido) y ein schneller Zug (un tren rápido). En inglés, sin embargo, casi bastaría con una sola forma del adjetivo en los tres casos: a *fast* car, a *fast* ride, a *fast* train.

También es mucho más fácil la formación del comparativo en inglés que en alemán, debido a que se puede prescindir en gran medida del aumento en la flexión. Adjetivos como important (importante) y powerful (fuerte, poderoso) son aumentados anteponiendo la palabra "more" (más).

En los casos más complicados, el sufijo –er hace que un adjetivo tenga la función de un comparativo, como en los ejemplos: faster (más rápido), stronger (más fuerte) y cooler (más frío).

Si se aumentan los mismos adjetivos en alemán, necesitan ser cambiados no solo en sí mismos, (por ejemplo de stark a stärker: fuerte a más fuerte) sino también deben adaptarse al mismo tiempo al sustantivo que describen.

Lo mismo ocurre con los verbos. En el idioma inglés es generalmente suficiente, utilizar el infinitivo de un verbo, para que, tanto en las personas del singular como en las del plural, se realice la acción.

Como ejemplo sirve aquí el verbo reden (en español: hablar). En alemán, aunque se trate de un verbo regular, la conjugación resulta algo más difícil: *Ich rede (yo hablo), du redest (tú hablas), er/sie/es redet (él, ella habla), wir reden (nosotros/as hablamos), ihr redet (vosotros/as habláis), sie reden (ellos, ellas, Usted, Ustedes hablan).* Cuatro formas de inflexión diferentes de un verbo en el presente.

No hay que olvidar que en alemán también es necesaria la flexión de los verbos que están en imperfecto.

Cuando se considera el correspondiente verbo en inglés (to talk), se puede encontrar al lado del infinitivo sólo una forma flexiva, en la primera persona del singular: *I talk, you talk, he/she talks, we talk, you talk, they talk.* En el primer pasado (pretérito perfecto) todas formas son iguales: *talked.*

Teniendo en cuenta lo antes mencionado, el inglés difiere considerablemente de la lengua alemana. Entonces, ¿qué ocurre cuando se emplean palabras inglesas en el habla alemana? Otra pregunta que surge es; ¿cuáles son las reglas que determinan, si una palabra extranjera es considerada prestada o cómo será germanizada?

Una posible explicación es la siguiente:

Para ser capaces de moverse libremente en el ámbito de la lengua alemana, las palabras extranjeras deben [...] someterse a las reglas de formación de palabras alemanas (Zitat). A veces se traducen del inglés al alemán y en otras ocasiones se deja la palabra tal cual. Cuando se hace una cosa u otra se decide al azar (Zitat). En referencia a la asimilación, también se toma la decisión por casualidad. Esto se puede demostrar fácilmente mediante varios grupos de palabras. A modo de ejemplo se puede transformar un sustantivo masculino en un femenino al añadirle el sufijo – in, como en la palabra "User" y "Userin".

No obstante, en algunas ocasiones sería impensable que la palabra "Bodyguard" se convirtiera en "Bodyguardin". Tampoco se puede ver ningún concepto acerca del tema de los plurales, es decir, que no existen reglas para determinar cómo deberían ser tratados. De "Notebook" se hace "Notebooks" en plural, pero de "der User" no se hace "die Users", sino "die User".

Otro ejemplo es la palabra "Modem" que aparentemente tampoco tiene una forma determinada de plural. Algunos dicen "Modems", otros "Modeme". Al fijarse más profundamente uno puede revelar más ambigüedades a la hora de adaptar los adjetivos ingleses al alemán. Para poder incorporarse a las reglas de la gramática alemana, es necesario que se establezcan los grados.

Sin embargo, algunos lo consiguen y otros no. Los adjetivos que terminan con una consonante parecen ser más fáciles de ser declinados, como por ejemplo, "cool" (guay): der coole Typ (el tío guay) o "der coolste" (el más guay). Aún así, los adjetivos que acaban en una vocal o con una "y" son difíciles de declinar y pasarlos al comparativo. ¿Ein easyes Leben" (una vida fácil)? o ¿easyeres? (más fácil). Es evidente que no hay reglas fijas y que los verbos son los más afectados en referencia a las diferencias en la morfología alemana e inglesa.

Dado que los verbos tienen que ser conjugados en el idioma alemán, las incertidumbres de la flexión son más evidentes. La integración al diccionario alemán resulta bastante fácil con algunos verbos como "checken" (comprobar), jetten (viajar en avión), mixen (mezclar) y surfen (practicar el surf). Esas palabras se pueden conjugar fácilmente; con otras basta que se haga una pequeña modificación como el cambio de la L por la E en la palabra "to recycle", que el alemán se convierte en "recyceln". Por el otro lado, hay palabras que resultan más difíciles de introducir en el vocabulario germano.

Especialmente cuando se utilizan los verbos en el tiempo perfecto, donde la diferencia de las reglas gramaticales de las lenguas inglesas y alemanas es muy evidente. Los verbos alemanes tienen a menudo prefijos que el inglés no utiliza. Además, en inglés los verbos regulares siempre terminan en –**ed** y los alemanes en su gran mayoría en –**t**. Estas diferencias hacen que en formas de inflexión como gelayoutet (diseñado), upgeloadet (cargar en el servidor), gepierct (hecho un piercing) o upgegradet (actualizado) se note mucho.

5. Anglicismo en la lengua alemana

Antes de exponer cómo se asimilan las palabras inglesas al alemán, es conveniente explicar algunos conceptos y establecer líneas divisorias claras para una mejor comprensión del tema.

La expresión *anglicismo* se puede definir de varias formas. Una que la describe con bastante claridad es "sprachliche Entlehnung aus dem britischen Englisch"[11] (préstamo lingüístico del inglés Británico). Este término se utiliza con frecuencia para los préstamos lingüísticos, tanto del inglés británico como del inglés norteamericano.

Por razones de simplicidad, se prescinde de una distinción entre los anglicismos procedentes de Gran Bretaña y los procedentes de Estados Unidos. No obstante, es necesaria una división de la denominación *anglicismo* en categorías.

---

[11] Meyers Großes Taschenlexikon, Band 1, Mannheim, 1987 B.I: Taschenbuchverlag, página. 349

Los mencionados préstamos lingüísticos se pueden dividir en dos secciones:

Cuando se habla de las palabras germanizadas, es decir, asimiladas a la gramática y morfología alemanas, de "Lehnwörter" (préstamos), se denomina a las palabras inalteradas "Fremdwörter" (extranjerismo). A la primera categoría pertenecen términos como "Haarspray" (laca), "Relaxen" (relajarse), "Crashkurs" (cursillo intensivo) o "Recyclen" (reciclar). Se consideran palabras extranjeras por ejemplo "Countdown" (cuenta atrás), "Insider" (persona enterada), "Layout" (diseño) y "Gentleman" (caballero).

Hay, sin embargo, otro tipo de palabras inglesas en el habla cotidiana alemana que son a menudo erróneamente malinterpretadas como anglicismos. En el uso del idioma alemán se emplean términos, que, aunque suenen ingleses, ni siquiera existen en inglés, o tienen un significado totalmente diferente al que le han dado los alemanes. El "Verein Deutsche Sprache" (Asociación de la Lengua Alemana) utiliza la expresión "Pseudo Anglizismen" [12](seudo anglicismo).

Un ejemplo es la palabra "Handy" que en alemán funciona como sustantivo y significa teléfono móvil. En inglés, no obstante, se llama "cell phone o mobile(phone)" a los mencionados dispositivos. La palabra "Handy" solo existe como adjetivo y puede ser traducida como mañoso o práctico. Lo mismo sucede con la palabra "Smoking" que se emplea para un traje elegante. Traducido correctamente al inglés, este sustantivo significaría el gerundio del verbo "to smoke" (fumar). Un "Smoking" es llamado en la lengua inglesa "Dinner Jacket o Tuxedo" (en español también se traduce mal y se dice esmoquin).

---

[12] www.vds-ev.de/denglisch/anglizismen/anglizismen_c.html

6. Explicación de la importancia de la lengua inglesa en Alemania

La suposición de que el idioma inglés tiene a nivel mundial la mayor importancia y presencia, se puede demostrar fácilmente. El inglés, con sus 1.400 millones de hablantes, es la *lengua franca* más hablada del mundo. En la lista de los idiomas oficiales más importantes ocupa el segundo lugar (350 millones), detrás de China que tiene aproximadamente 1.000 millones[13]. Gran Bretaña declaró la lengua inglesa un factor económico y el periódico "New York Times" considera el inglés americano el artículo de exportación más importante[14]. Mundialmente se ve al inglés como "la *lingua franca*". En un artículo del periódico alemán "Süddeutsche Zeitung" el profesor de la Filología Norteamericana Gert Raeithel escribe:

El Euro Inglés de los diplomáticos en Bruselas, el Airspeak en la aviación, el Seaspeak en los océanos, el Emergencyspeak en las intervenciones internacionales en caso de catástrofes y muchas aplicaciones más, dejan ver claramente que el inglés, más allá de Europa, se ha convertido en una lengua hegemónica cuya esfera de circulación parece ir aumentando[15].

Las razones que justifican la posición prioritaria de la lengua inglesa son numerosas. Históricamente, la proliferación puede ser explicada por "el expansionismo del antiguo imperio británico"[16], que es principalmente el responsable de la introducción del inglés en muchos países de todos los continentes.

A esto viene a añadirse la importancia y el poder del vencedor de la segunda guerra mundial, los Estados Unidos, en Europa. Otros factores también han determinado la influencia de EE. UU en el mundo. El poder acumulado de Washington[17], en combinación con su situación económica y la dominancia en muchas áreas de la ciencia, son posibles explicaciones para la proliferación del

---

[13] Las cifras de este párrafo proceden de: dtv-Atlas Deutsche Sprache, München, dtv Verlag, 2011
[14] Compare: Raeithel, G., Brodeln im Sprachmeer, en: Süddeutsche Zeitung del 10.de julio 1.999, página 10
[15] Raeithel, Brodeln im Sprachmeer
[16] Raeithel, Brodeln im Sprachmeer
[17] Raeithel, Brodeln im Sprachmeer

inglés. Se puede demostrar también a través de un campo de la ciencia: la tecnología informática.

El uso cada vez mayor de las computadoras en los centros de trabajo y las cada vez mayores opciones del uso privado de ordenadores en los últimos años, han proporcionado la plataforma para la inmensa expansión del internet por todas partes del mundo; lo anterior probablemente es una de las principales causas de la creciente propagación del inglés, debido al hecho de que los grandes inventos alrededor de la computadora llegaron desde los Estados Unidos. El "software" de Microsoft, inicialmente, sólo estaba disponible en la versión inglesa; de la misma manera, los sitios "world wide web" fueron dominados por páginas en inglés. En 1996, aproximadamente el 84% de todas páginas de la red estaban escritas en el idioma.[18]

La velocidad de su difusión es importante para el estudio del internet como un factor en la propagación del inglés. Es verdad que el internet fue desarrollado en 1969, pero inicialmente fue diseñado para la conexión de macro computadores en redes institucionales estatales, como por ejemplo universidades. La importancia del internet para el uso privado no se desarrolló hasta principios de los años noventa con la invención de la "world wide web"[19] Desde entonces, la utilización del internet se ha extendido a una velocidad meteórica.

La estadística del año 2011 dice que unos 850.000.000 "Hosts" (servidores) existieron, y que se suponía que hasta 2015 se superarían los 1.000 millones. Sólo en 1995, para hacerse una idea de la tasa de crecimiento que ha tenido el internet, hubo unos 6.600.000 "Hosts"[20].

Como consecuencia de la rápida propagación de las computadoras personales y del internet, se divulgaron también los términos técnicos del inglés. Conceptos como "User" (usuario), "E-Mail" (correo electrónico), "online" (en línea en internet), "Scanner" (dispositivo lector de código) y "Software" (soporte lógico) pertenecen hoy en día al lenguaje corriente. Tal vez es precisamente la enorme velocidad de la

---

[18] vergleiche: Grätz, Internet-Sprache
[19] La información es de Kaul, M:,,Die Geschichte des Internet"
[20] http://de.wikipedia.org/wiki/Chronologie_des_Internets

propagación del nuevo medio la razón por la cual se han adaptado tantos términos del inglés sin que fuesen traducidos al alemán como se solía hacer antes. Entonces la *Lengua Franca* del internet es el inglés y parece que no hay manera de derribarlo de su trono.

Además, el inglés tiene algunas ventajas sobre otros idiomas. Ya se había mencionado su presencia global como lengua materna[21] en tantos países, así como la ventaja de ser la lengua de un país que tiene tanto poder político y económico como los Estados Unidos, que parece ser el responsable de los logros técnicos y científicos más importantes de los últimos años. Nuevos inventos significan automáticamente nuevos términos y es más que obvio que estas palabras salen del diccionario inglés cuando se tiene que denominar productos que han sido diseñados en los EE.UU.

Pero también se pueden encontrar ventajas en el idioma en sí. Ya se ha mencionado la gramática que es relativamente sencilla (al menos en comparación con el alemán).

Aunque es cierto que el inglés tiene un vocabulario muy amplio[22], se puede decir que es fácil de aprender con el fin de que llegue a un nivel adecuado para poder expresarse satisfactoriamente[23].

Además el idioma goza de una cierta popularidad por el mero hecho de que muchos términos ingleses son más cortos y consecuentemente pueden ser empleados con más comodidad. La lengua inglesa posee en gran abundancia palabras monosílabas y "cash" suena más atractivo que "Bargeld" (dinero en metálico). También se habla mucho de la fuerza fonológica de las palabras inglesas[24]. Se puede encontrar en palabras como "crash" (accidente), "boom" (estar en auge), "bounce" (rebotar), "splash" (chapoteo).

---

[21] Grätz, Internet-Sprache
[22] Comentario ,,Webster III", el diccionario más grande de la lengua inglesa contiene unas 460 000 entradas. Sin embargo. El más grande del alemán solamente 220.000
[23] Grätz, Internet-Sprache
[24] Autor, Englisch macht Deutsch nicht kaputt, Spiegel online

Al final hay que mencionar una peculiaridad del idioma inglés que no debe pasar desapercibida. Aunque sea quizá una evidencia menos científica y más un sentimiento. La esperanza angloamericana para la prosperidad y la felicidad, la modernidad y el progreso van a la par[25]. Esta circunstancia podría explicar la popularidad que goza el inglés en todo el mundo.

7. Explicación social para el desarrollo lingüístico

Al estudiar las razones que explican por qué el idioma inglés disfruta de tanta popularidad, especialmente en Alemania, merece la pena echar un vistazo a la historia alemana. Este tema es importante pero a la vez delicado, por lo cual este aspecto no debe ser descuidado en el estudio de la lengua hoy en día.

En principio se puede hablar de dos importantes empujones de la influencia estadounidense de palabras inglesas. El primero después de la Primera Guerra Mundial y el segundo después de 1945[26]. La explicación parece ser "el mito EE.UU" que juega un papel importante en la aceptación del inglés.

El término "American dream" (sueño americano), todavía es bien conocido hoy en día. Se utiliza representativamente para la libertad, la independencia y el éxito. Este concepto es aplicable a muchas sociedades del mundo occidente y también hay explicaciones acerca de por qué este factor tiene una importancia particular en Alemania.

En este punto es inevitable analizar las consecuencias que tuvo la llegada al poder de Hitler en la influencia del inglés en Alemania. Sorprendentemente fue Hitler quien introdujo la lengua inglesa en las escuelas alemanas como primera lengua extranjera. No obstante, sólo lo hizo porque el inglés, a diferencia del francés, era una lengua germánica y así más similar al alemán[27].

---

[25] Raeithel, Brodeln im Sprachmeer
[26] Grimm, R., We kehr for you, Spiegel online (http://www.spiegel.de/wissenschaft/0,1518,98974,00.html)
[27] Compare: Raeithel, Brodeln im Sprachmeer

El régimen de Hitler apoyó involuntariamente al idioma inglés de manera indirecta; su hostilidad hacia los intelectuales provocó la pérdida de la importancia internacional de la lengua alemana y la vida intelectual del país. En consecuencia, muchos científicos y literatos emigraron y empezaron a publicar sus trabajos en inglés[28]. Para parte de la juventud, el inglés significaba (especialmente la música del jazz y swing) una posibilidad para escapar de la ideología nacionalsocialista con sus dogmas y restricciones.

Hubo otro hecho que aportó su grano de arena a la situación, tal y como la conocemos hoy en día, de la predominancia del inglés en Alemania. Fiel al lema "mejor medio (Norte) americano que un Nazi entero", muchos alemanes se apartaron de cualquier cosa que les identificara como tales cuando se movían en el ámbito internacional después de la Segunda Guerra Mundial[29]. Tal cosa implicaba también la lengua materna. El uso de palabras inglesas debería demostrar un cierto internacionalismo, el cosmopolitismo y la lucha contra el chovinismo.

En este sentido se puede expresar una sospecha con respecto a la importancia de este tema. A lo que me refiero aquí, es a una crisis de identidad alemana[30] como consecuencia del trauma del Tercer Reich y la pérdida de la guerra que podría haber causado una falta de identificación de los alemanes con su lengua y cultura.

Pareciera casi inconcebible que podría existir un consentimiento no obsesionado con la propia identidad cultural (que está constituida fundamentalmente por el idioma), libre de chovinismo y arrogancia. Qué se pueda apreciar lo propio, sin el desprecie de lo ajeno, [ ] qué se pueda amar la lengua alemana sin considerarla mejor que otras[31].

Las personas que defienden la protección de la lengua alemana pueden ser miradas con recelo y puede pensarse que tienen ambiciones puristas acerca de la lengua, y por lo tanto tendencia a ser nacionalistas. En este punto es preciso echar

---

[28] Compare Grätz, Internet-Sprache
[29] Compare Berndt, Germanistik auf Englisch
[30] Zimmer, Deutsch und anders, página.30
[31] Zimmer, Deutsch und anders, página 32

un vistazo a la historia del purismo lingüístico, que en realidad es mucho más antiguo que el nacionalsocialismo (el de la historia alemana), y que alcanzó su nivel máximo en el año 1885 con la fundación de la organización "Allgemeiner Deutscher Sprachverein" (Asociación General de la Lengua Alemana), cuyos valores se basaban en el lema:

Gedenke, auch wenn du die deutsche Sprache sprichst, dass du ein Deutscher bist!" (¡Recuerda, cuando hablas el idioma alemán, que eres alemán!).

Sin embargo, las esperanzas de limpiar la lengua alemana en su totalidad de palabras extranjeras no se vieron cumplidas durante los mil años del Tercer Reich.

Goebbels se quejó en 1937 oficialmente de los puristas y su exagerada germanidad lingüística y ordenó que no se germanizara con tanta violencia. Palabras extranjeras como "Autorität" (autoridad), "Garant" (garante), "Fanatisch" (fanático), "Mission" (misión) o "Propaganda" (propaganda), que eran particularmente susceptibles de ser utilizadas por los líderes nazis,_pertenecieron por el expreso deseo de Hitler en el vocabulario alemán. Esto ocurrió independientemente de que fuesen de origen germánico, latino o griego[32].

El argumento de que los defensores de la lengua alemana son de derecha no se puede demostrar históricamente. Pese a ello, no se puede negar que hay gente de un cierto entorno que cree que la cultura alemana y su idioma son mejores que otros.

Sin embargo, se trataría de una conclusión inversa al decir que la apreciación de su propia lengua y cultura implicara el menosprecio de otras culturas como consecuencia.

---

[32] La información del párrafo anterior es del autor Zimmer, Deutsch und anders

8. La actual influencia del inglés en comparación con otras lenguas que lo hicieron en el pasado

El hecho de que las lenguas extranjeras tengan influencia sobre el idioma alemán no es un fenómeno nuevo. Particularmente el latín y el francés tuvieron un fuerte impacto en el alemán. A continuación se expone por qué y cómo el inglés de hoy en día tiene otro peso cuando se habla de la transcendencia en el ámbito lingüístico alemán, y por qué es diferente a anteriores influencias de lenguas extranjeras, como el latín o el francés.

En el siglo XVI se estableció el latín como lengua internacional de la ciencia. También fue introducida en la Edad Media la construcción de piedra romana que trajo consigo muchos términos específicos que luego se incorporaron en el idioma alemán. Al vocabulario básico pertenecieron préstamos como "Wein" (vino), "Fenster" (ventana) o "Keller" (sótano)

El francés cobró más importancia en el siglo XVI gracias al pensamiento de que la cultura francesa era superior a las demás y a la expansión del poder de la monarquía francesa. Lo cual dio lugar a una amplia introducción de palabras de origen francés en Alemania. El francés se convirtió en una moda en los círculos de la nobleza alemana e incluso de la europea. El que no dominaba el idioma intentaba al menos usar un máximo de palabras francesas, como por ejemplo, "parlieren" (del francés parler, hablar en español).

Después de la revolución francesa el idioma experimentó un nuevo auge. Aquí algunos restos de esta tendencia: "Blamage" (ridículo), "Chef" (jefe), "Chiffre" (cifra), "Echauffieren" (acalorarse), "Rendezvous" (tener una cita) etc.

Hacia el final de la Primera Guerra Mundial, el inglés reemplazó el francés como idioma de moda. A partir de este momento se notó una fuerte corriente de palabras inglesas que llegaron al habla alemán. Pero incluso en este momento, la influencia del inglés no difirió significativamente de las influencias de lenguas extranjeras de los siglos anteriores. Sólo en las últimas décadas parece que ha habido un cambio al respecto. Para este cambio se puede constatar varias razones.

En primer lugar se tiene que mencionar la rápida extensión del internet. Gracias a la conexión a la red de un sinfín de ordenadores en todo el mundo, la transmisión de información se hace en la actualidad a un ritmo más acelerado que hace apenas veinte años. Debido a la rapidísima transferencia de cualquier dato a través de internet, teléfonos celulares etc., llegan noticias e informaciones sin demora a todas partes del mundo. Corresponde a los medios de comunicación procesar esta información y, en su caso, traducirla de una lengua extranjera a la de la comunidad lingüística a la que quiere dirigirse.

Es perfectamente concebible, causado por la falta de tiempo que sufren los periodistas de todos los sectores de los medios de comunicación, que las traducciones estén mal hechas e incluso que se renuncie a hacerlas. Aquí se trata de un fenómeno nuevo que, en los tiempos de la difusión del francés y del latín, no tenía relevancia. Lo cual hace que la mera existencia de los medios de comunicación exija otro enfoque de la influencia de la lengua inglesa en comparación con épocas anteriores de lenguas extranjeras que entraban en el alemán. No obstante, todavía se pueden encontrar más causas del problema.

En el pasado el uso de palabras extranjeras solía limitarse a círculos del habla específicos, relativamente aislados. El francés fue dominado por la nobleza y la influencia latina se limitó principalmente a la construcción y a la ciencia. Aún encima, las palabras extranjeras se convirtieron a lo largo de los años en su mayoría a préstamos. En siglo XIX tuvo lugar una acción de germanización en la cual se tenía que traducir unas 760 palabras del francés al alemán.

Las palabras inglesas se pueden encontrar, hoy en día, en todos los ámbitos de la vida. El área de influencia no solo afecta a la economía, al lenguaje de programación o a la juventud, sino también al deporte "Skaten" (patinaje sobre ruedas) o "Joggen" (correr a trote), Tráfico y Turismo "Service-Point" (mostrador de atención) o "Ticket" (billete) incluso la televisión "Gameshow" (concurso televisivo). Los campos son tan diferentes que todo el mundo se ve afectado de una u otra forma. Por tanto, la dimensión de la influencia del efecto lingüístico de la lengua inglesa a la alemana debe ser otra que la de los idiomas de moda de tiempos remotos.

9. Una comparación con Francia

Así que, parece que el inglés ejerce una influencia significativa en la lengua alemana. Sin embargo, ¿qué les ocurre a los otros países europeos referente al problema que tenemos aquí en Alemania? En este sentido vale la pena echar un vistazo a nuestros vecinos, los franceses. Francia es uno de las pocas naciones donde se mantiene y cuida la propia lengua con tanta sensibilidad.

La "Académie francaise"[33] (academia francesa) se dedica desde hace siglos a que se conserve el idioma francés e incluso por ley se ha ordenado varias veces que se trate la lengua con más respecto y más consciencia.

Una ordenanza que se aprobó acerca de este tema – aunque más tarde se aflojó en parte - fue en el año 1.994 cuando se consideró la utilización de lenguas extranjeras, sin que estuviesen traducidas al francés, un delito.[34] La ley, que llevó el nombre de "Loi Toubon" por el aquel entonces ministro de cultura Jacques Toubon, fue introducida con el fin de que no aumentara excesivamente el uso de palabras inglesas en Francia, que llevaba la denominación "Franglais". Iniciativas ciudadanas como la asociación de París "le droit de comprendre" (el derecho de entender), vigilan el cumplimiento de la ley.

Hasta hoy día algunas empresas han sido castigadas con multas de consideración por no haberles hecho caso. De acuerdo con el texto de la ley, el uso de anuncios publicitarios en inglés sin traducción al francés, será penalizado.[35] Los medios de comunicación se ven particularmente afectados por otra ley del año 2.000. Según ella, todos los programas del sector recreativo musical tienen la obligación de emitir por lo menos un 40% de canciones francesas, de los cuales la mitad debe de ser de nuevos talentos o de nuevas producciones. Esto ha provocado que muchos músicos extranjeros, que antes cantaban en inglés o cualquier otro idioma, grabasen canciones en una versión francesa para que sean emitidas por la radio etc.[36]

---

[33] www.academie-francaise.fr/
[34] http://www.legifrance.gouv.fr/affichTexte.do?cidTexte=LEGITEXT000005616341
[35] http://de.wikipedia.org/wiki/Loi_Toubon
[36] Compare Dieter E. Zimmer, Deutsch und anders, página 48

Además, se introducen traducciones francesas oficiales para una gran parte de los anglicismos que se emplea en Francia. Sobre todo en el campo del lenguaje informático se está intentando que se cubran las áreas más importantes con denominaciones francesas en vez de inglesas.

E-Mail (correo electrónico) es "courriers électronique", la red del internet se llama "Toile" (red) etc. En este sentido, un estudio de D. Zimmer dio como resultado que Francia ya había traducido o reemplazado por una asimilada forma francesa un 86% de los conceptos más importantes del lenguaje informático provenientes del inglés. Alemania, en cambio, solo alcanza un 57%[37]. Estas cifras ilustran las diferentes maneras de hacer frente a la creciente influencia de la lengua inglesa.

No es raro ver que se acuse Francia de chauvinismo cultural por defender a capa y espada su cultura y lengua. Aunque en Alemania existen instituciones oficiales, similar a la "Académie francaise", como por ejemplo el "Institut der deutschen Sprache(IDS)" (instituto de la lengua alemana) o la "Gesellschaft für deutsche Sprache" (sociedad para la lengua alemana), sería impensable que hiciesen frente al tema de la preservación del idioma para luego hablar con autoridad o incluso determinar las pautas.

En un artículo del diario "Süddeutsche Zeitung", que informó sobre una conferencia de la IDS, el autor describió la cautela y moderación de los órganos oficiales y estatales con respecto a las afirmaciones sobre la influencia de otros idiomas de la siguiente manera:

"Reuniones de la IDS terminan [..] sin mensajes ni posturas. Como mucho se esconden detrás de los resultados de un sinfín de investigaciones detalladas"[38].

Cada tema, que podría despertar la sospecha de nacionalismo, es tratado en Alemania con una cautela y timidez, que inhiben la discusión del problema en la medida necesaria.

---

[37] Compare Dieter E. Zimmer, Deutsch und anders, página 48
[38] Compare Krämer: deutsch und anders, página 45

Es muy difícil de imaginar, que una ley como la "Loi Toubon", fuera aprobada con tanto consenso, hasta con los votos de los comunistas, y que una abrumadora mayoría (según una encuesta un 80% de los franceses estaban a favor[39]) de población la celebrase. También recibió la aprobación por los intelectuales. Los alemanes podrían menear la cabeza por qué les parece absurdo que el estado quiera imponerse y dictar cuáles son las palabras que se tienen que usar y cuáles se prohíben. Incluso se podría considerar una violación del derecho a la libertad personal de expresarse como uno quiera, y para llegar más allá, se trate de un acto racista para echar fuera las palabras inglesas del uso de idioma en Francia.

Sin embargo, según las autoridades francesas, el estado francés no quiere luchar contra las palabras extranjeras, sino contra la amenaza de la pérdida de la comprensibilidad y claridad. El francés está perdiendo la capacidad de asimilar lo desconocido. La cuestión principal no rodea la pureza de la lengua francesa, sino un uso más consciente de ella. El lingüista Claude Hagège del "Collège de France" dijo en una entrevista con un periodista alemán: si la ley contribuye a, que los medios de comunicación, pero también la economía, usen la lengua con más consciencia, tal vez cumpla su función"[40].

10. Conclusión

Como ya se ha mencionado en la introducción, es bastante difícil hacer una predicción seria del desarrollo del lenguaje. Dado que cada desarrollo del lenguaje es nuevo y no es comparable con los procesos anteriores, no se puede beneficiar de las experiencias en las proyecciones sobre el futuro de la lengua

Incluso los llamados expertos se han equivocado. Así, por ejemplo, en el año 1.972 un lingüista dudó que en veinte años se acordara de los nombres "The Beatles" o "Rolling Stones".[41] Pese a ello hay todavía algunas posibilidades de desarrollo del lenguaje en términos debido a la influencia angloamericana que son más probables que otras.

---

[39] Compare Krämer: deutsch und anders
[40] http://d-nb.info/991247914/34
[41] Raeithel, Brodeln im Sprachmeer

Según Dieter E. Zimmer, debido a la creciente interdependencia de todas las áreas de la vida, continuará la afluencia masiva de palabras inglesas.[42] Otros científicos ven la acelerada globalización como otro motivo para el futuro uso del inglés. Esta evolución traería aparejada, en opinión de Volker Ilgens, "ciudadanos con pocos conocimientos lingüísticos y que no sean hombres de mundo"[43] en apuros para dar una imagen de cosmopolita y mente abierta por el uso de anglicismos.

Este hecho también significaría que el inglés tuviera pocas posibilidades de imponerse en Alemania como lenguaje cultural.

Teniendo en cuenta todos los argumentos anteriormente mencionados, se puede manifestar que hay una gran influencia del inglés en el alemán. A pesar de que ya se tenía constancia de la presencia de las palabras inglesas en el habla cotidiana alemana, es asombroso ver la diversa extensión de anglicismos en muy diferentes ámbitos de la vida. Debido a su rápida difusión en todas las clases, edades etc. ha habido un cambio notable de la lengua alemana.

A menudo se escribe acerca de la influencia que tenían las lenguas extranjeras en los siglos anteriores como el francés o el latín, y aún hoy en día, miles de estudiantes de la filología germánica tratan la evolución de la lengua alemana como si estuviera confinada al pasado y que se terminase hace ya mucho tiempo.

Sin lugar a dudas el desarrollo de un lenguaje nunca es completo ni acabado. Las lenguas son organismos vivos y no materias muertas. Factores sociales, económicos e incluso técnicos pueden tener un impacto considerable en el proceso del cambio lingüístico.

La historia lingüística ha demostrado que la riqueza y diversidad de las lenguas depende en gran medida de su capacidad de división y transformación. La cuestión es, ¿cómo se puede dirigir este proceso por un camino deseable y conveniente? Es bastante difícil y laborioso determinar qué es digno de ser preservado o no y dónde un cambio lingüístico podría ser un enriquecimiento. Desafortunadamente, este tipo de decisiones solo se puede justificar a posteriori. Además, nadie tiene la autoridad

---

[42] Zimmer, deutsch und anders, página 19
[43] Grimm, we kehr for you

de decidir cuáles son los factores influyentes que pueden dañar o enriquecer una lengua, ya que se definen por la comunidad que la habla y no por una instancia.

Pero hay un aspecto de la lengua que se debe conservar, ya que es su mayor importancia: la comunicación entre las personas.

En uno de los capítulos anteriores el problema de las diferencias entre la gramática inglesa y alemana fue tratado exhaustivamente, se pudo demostrar que no existía una normativa clara para el uso de palabras inglesas - o su germanización, respectivamente - en el idioma alemán y que consecuentemente ocurrían dudas e incertidumbres a la hora de aplicar los anglicismos. En tales casos, no le queda otra opción a cada hablante sino decidirse individualmente sobre cómo usar ciertas palabras y expresiones.

Por tanto, la comprensión de un lenguaje depende de la claridad y precisión de la comunicación en su ámbito. Hace más de 2.500 años dijo Confucio lo siguiente:" primero se confunden las palabras, luego se confunden los términos para que finalmente se confundan las cosas" [44]. Seguro que él no pensaba en anglicismos ni americanismos en el idioma alemán pero su exclamación puede ser fácilmente aplicada a la situación lingüística que tenemos actualmente en Alemania.

Entonces, ¿cuál es el mejor servicio que uno puede darle a su lengua materna? Percibir y utilizarla conscientemente. No será necesario implantar leyes lingüísticas como en Francia y tampoco se tiene que renunciar en su totalidad a los anglicismos. Sin embargo, sí que será necesario que, tanto los medios de comunicación como cualquiera que se exprese públicamente, tenga la consciencia bien clara considerando su lengua como algo valioso y no inferior en comparación con otras.

---

[44] Grimm, we kehr for you

REFERENCIAS

Wolf Schneider (2008). Speak German, warum deutsch manchmal besser ist.

Walter Krämer (2000), Modern Talking auf deutsch. Ein populäres Lexikon.

Dieter E. Zimmer (2006) Deutsch und anders. Die Sprache im Modernisierungsfieber.

Raeithel, G. (1.999) Brodeln im Sprachmeer en "Süddeutsche Zeitung" 10/11 de Julio 1.999

http://www.degruyter.com/view/product/175616?rskey=cxpy2e&result=1

http://books.google.de/books?hl=de&lr=&id=boxnyaAADpoC&oi=fnd&pg=PA1&dq=Englische+Einfl%C3%BCsse+auf+die+deutsche+Sprache+nach+1945&ots=uiaStZRXHl&sig=O9yio9pcmVXqqodJMkXfZPmcSw8#v=onepage&q=Englische%20Einfl%C3%BCsse%20auf%20die%20deutsche%20Sprache%20nach%201945&f=false

http://rss.sueddeutsche.de/rss/Thema/Anglizismus

http://www.uni-leipzig.de/~tosic/linkp/handout.angl.pdf

http://www.jstor.org/discover/10.2307/3530905?uid=3737864&uid=2129&uid=2&uid=70&uid=4&sid=21103148529401

http://anglisztika.ektf.hu/new/content/tudomany/ejes/ejesdokumentumok/2008/Kovacs_2008.pdf

http://www.telegraph.co.uk/news/worldnews/europe/germany/10139103/Deutsche-Bahn-aims-to-roll-back-use-of-English.html

http://termcoord.files.wordpress.com/2012/03/pseudo-anglicisms-in-german-classification-reasons-and-rightness-of-their-implementation-in-the-newspaper-language.pdf

http://www.brighthubeducation.com/learning-german/74147-anglicisms-in-german-language/

http://books.google.de/books?id=ELfjLz2BVG0C&pg=PA22&lpg=PA22&dq=anglicisms+in+the+german+language&source=bl&ots=nb9A-im6Ar&sig=P8e_2wdY5a4K0rm1Lw-88RpiQVM&hl=de&sa=X&ei=c9W0UrSkB8aitAbhr4CoBg&ved=0CHcQ6AEwBzgK#v=onepage&q=anglicisms%20in%20the%20german%20language&f=false

http://www.welt.de/kultur/article120296426/Sprachexperte-sieht-in-Anglizismen-keine-Gefahr.html

http://www.zeit.de/wissen/2011-11/anglizismen-wissenschaftssprache

http://www.vds-ev.de/Startseite

http://de.wikipedia.org/wiki/Anglizismus

http://www.zeit.de/wissen/2011-11/anglizismen-wissenschaftssprache

www.einsteinfreun.de/media/irina/Facharbeit_Homepage.pdf

http://www.zeit.de/2007/31/Deutsch-Aufmacher

s.muni.cz/th/160341/pedf_b/bakalarka_do_isu.doc

http://www.fachdidaktik-einecke.de/3_Sprachdidaktik/ist_das_noch_deutsch.htm

http://lars-thielemann.de/heidi/hausarbeiten/Anglizismen2.htm

http://www.goethe.de/ges/spa/siw/de4889778.htm

www.clausgut.de/s19_deutschenglisch.pdf

http://www.rhetorik-netz.de/rhetorik/dt_engl.htm

http://www.wer-weiss-was.de/fremdsprachen/aehnliche-frage-vergleich-englisch-deutsch

http://search.proquest.com.ezproxy.uned.es/docview/205244363

http://www.spiegel.de/wissenschaft/mensch/anglizismen-we-kehr-for-you-a-98974.html